Apuntar a la Lectura ™ *de la Biblia*

Mateo 28:20 en Acción

También por Henry Skinner-Larsen

Point to Reading (Apuntar a la Lectura):
Hope for the Future Through the Love of Reading
(Esperanza para el Futuro a Través del Amor a la Lectura)

Point to Reading Jumpstart Manual
(Apuntar a la Lectura: Manual para Impulsar)

Point to Reading the Bible: Mathew 28:20 in Action

Tenga en cuenta que los sitios de internet ofrecidos como referencias o fuentes para mayor información en un tema en particular, pueden haber cambiado o haber sido removidos en la fecha en que este libro sea leído.

Point to Reading Books
www.pointtoreading.com
ISBN-13: 978-0991585212 (Point to Reading Books)
ISBN-10: 0991585216

Traducido y Adaptado por José Manuel Moreno Palacios.
Los Versiculos biblicos tomados en este libro han sido tomados de la Versión Reina Valera 1960.
Point to Reading™ and *PTR*™ son marcas registradas del concepto de Point to Reading y Henry Skinner-Larsen.

Lee la Biblia a un niño...
toca un corazón.

Enseña a un niño a leer la Biblia ...
transforma una vida.

Comparte el amor de la lectura de
la Biblia ...
Deja un legado.

"Y estas palabras que yo te mando hoy, estarán en tu
corazón; y las repetirás a tus hijos, y hablarás de ellas
estando en tu casa, y andando por el camino,
y al acostarse, y cuando te levantes."
Deuteronomio 6:6-7

Dedicatoria

Es con Temor que yo agradezco al Señor que nos dio su Palabra. Agradezco a mis padres por leerme cuando yo era joven, y por la gente que me enseño a leer, y aquellos que motivaron mi amor por la lectura. En particular, agradezco aquellos que me motivaron a leer la Biblia. Recuerdo claramente el momento en que la niebla se levantó y de repente me di cuenta de quien Juan estaba hablando cuando escribió,

"En el principio era el Verbo ..."

Con la visión de que todas las personas puedan llegar a leer correctamente y amar la sabiduría y belleza de la Biblia, yo dedico *Apuntar a la Lectura de la Biblia* (*ALB*). Escribo este libro con la esperanza que usted, quien lee estas palabras, sea movido a ofrecer su tiempo a compartir su amor por la Biblia con otros.

En el Espíritu de Mateo 28:20, podemos ofrecer a otros la forma de hacer discípulos enseñándoles a guardar todo lo que el Señor nos ha encomendado.

Apuntar a la Lectura ™ *de la Biblia*

Mateo 28:20 en Acción

Henry Skinner-Larsen

Point to Reading Publishing
Lockhart, Texas

CONTENIDO

Dedicatoria   iv

CONTENIDO   vii

INTRODUCIÓN   ix

Capítulo Uno: LA RAZÓN MAS IMPORTANTE DE TODAS   1

Capítulo Dos: DOS PROBLEMAS LOS CUALES PUEDEN   5
DETERNOS EN LA LECTURA DE LA BIBLIA

Capítulo Tres: INSTRUCCIÓNES PARA APUNTAR   9
A LA LECTURA

Capítulo Cuatro: PASOS SIGUIENTES   19

Capítulo Cinco: CONCLUSIÓN   21

INTRODUCCIÓN

El Libro Más Importante Que Se Ha Escrito

Sea un Cristiano, un Judío, o de cualquier otra religión, muchos estarían de acuerdo en la importancia de la sabiduría y el valor de la Biblia. Usted está leyendo este libro, probablemente, porque está de acuerdo con ello. Por lo tanto, no gastaremos tiempo tratando de convencerle en la importancia de la Biblia.

¿Qué es Apuntar a la Lectura?

¿Cuál es el propósito de aprender a leer? Es disfrutar las historias que encontramos en los libros, y con optimismo, ser más inteligente. ¿Por qué es importante disfrutar para entender correctamente? Las personas, por lo general, gustan de aquello en lo que son buenos, y llegan a ser buenos en aquello que aman. Aun, cuando este es un pensamiento simple, esto tiene profundas consecuencias.

Una persona realizará algo si ella disfruta hacerlo.
Al Hacer algo por mucho tiempo, nos volvemos buenos en eso.

El Problema Que Tenemos con la Lectura

La mayoría de las personas no leen en sí, o leen muy poco. Hay tres razones principales por las cuales las personas no disfrutan la lectura:

1. Ellas no saben como leer.
2. No son buenas en ello, así que, no es divertido.
3. Algo ha ocurrido para hacer de la lectura algo desagradable.

Si queremos que la gente pueda leer, ellas deben llegar a ser buenas en ello; para que ellas puedan disfrutar de hacerlo. También debemos asegurarnos de que ellas disfruten el proceso para llegar a ser buenos lectores, si es queremos que las personas permanezcan en este proceso.

El Problema con la Lectura de la Biblia

La Biblia no es fácil de leer. Algunos de los libros son bastante complicados, como los escritos del Apóstol Pablo. Sus Escritos pueden ser difíciles de entender aun para buenos lectores. Cuando la lectura es muy difícil, las personas con frecuencia, se rinden. Si alguien quiere ser un lector de la Biblia, el debe ser muy bueno en la lectura. Una vez que una persona llegue a ser buena en la lectura, la Biblia le será mucho más fácil de entender.

> *Una vez que una persona es buena en la lectura de la Biblia, la lectura será no tanto una tarea, sino algo placentero. Y esto aumentará la posibilidad de querer leer mas.*

ALB Hace el Aprender a Leer Más Fácil.

Siguiendo el modelo Bíblico del discipulado uno a uno, *APL* será la manera más simple de aprender a leer y entender la Biblia. ¿Por qué *Apuntar a la Lectura* funciona tan bien?

1. Las personas pueden aprender a leer más rápido uno a uno con un maestro o entrenador, que en grupos más grandes. Similar al método de inmersión para aprender una lengua extranjera, la lectura puede ser aprendida y la comprensión adquirida en meses, en vez de años.

2. Usted, quien ama y entiende La Biblia, es perfecto para este trabajo. Pocos tendrán un mayor deseo del éxito de su amigo que usted. También, hay pocas personas además de usted en las que su amigo confíe y del que quiera aprender que de usted.

3. Su conocimiento de la Biblia abrirá la puerta para que su amigo pueda entender lo que está leyendo.

"así que la fe, es por el oír,
y el oír por la palabra de Dios."
Romanos 10:17,

4. El compromiso con su amigo para que aprenda a leer es muy importante para que él o ella no se rinda.

5. La estrategia del discipulado uno a uno de *ALB,* para enseñar a nuestros amigos, está basada en Mateo 28:20.

¿Qué es *Apuntar a la Lectura?*

El libro Original, *Point to Reading: Hope for the future Through the Love of Reading*™ [1] *(Apuntar a la Lectura: Esperanza para el Futuro a través del amor a la Lectura),* fue escrito para enseñar a los padres como ellos pueden desarrollar el amor a la lectura y el aprendizaje en sus hijos. *ALB* aborda el problema de la disminución de la capacidad de lectura en América, y ofrece una solución fácil a este problema:

Preparemos a nuestros hijos desarrollando en ellos el amor a la lectura, antes de enfrentarse a la vergüenza y el fracaso en la escuela.

Muchos de los principios de *PTR (APL)* son mencionados en este libro, pero sin las explicaciones a fondo encontradas en el libro original. Esperamos que los principios enseñados en este libro tengan sentido para usted. Puede que encuentre de utilidad, leer el libro original *PTR (APL,)* para tener un entendimiento más claro de las ideas y principios que son la base de este libro que ahora tiene en sus manos.

---

[1] *Point to Reading* ©copyright 2013 by HSL; Point to Reading Publishing

Él contra ella   Será la forma de referirnos a lo largo de este libro, a "su amigo", con el que va a leer la Biblia. Este amigo puede ser un miembro de la familia, como un hijo o aún un padre, o también un amigo que vive en la calle de enfrente. Puede ser un miembro de su iglesia. O puede ser alguien que no es miembro de ninguna iglesia, pero el cual este deseoso de leer la Biblia con Usted.

En pocas palabras, su amigo será mencionado cómo *él,* en lugar de tener que escribir "él o ella" todo el tiempo. Esto no quiere decir que solo los hombres son los únicos que deben aprender a leer la Biblia. Pablo escribe en sus cartas del valor de las mujeres ancianas guiando y enseñando a las mujeres jóvenes. La Biblia es para todos. La meta es que todos puedan y lleguen a leerla.

Capítulo Uno

LA RAZÓN MÁS IMPORTANTE DE TODAS

Existen muchas formas en que una persona puede aprender a leer. Existen también muchas formas en que una persona puede aprender lo que la Biblia significa dice y significa. Algunos métodos, viendo solamente los resultados, parecen ser más efectivos que otros. Pero debemos tener cuidado de no caer en la trampa de creer que "el fin justifica los medios". Por esta razón, cómo seguidores del Señor Jesucristo, nosotros optamos por seguir el ejemplo que él nos ha dejado para saber como hemos de vivir. Nosotros leemos la Biblia para conocer y comprender Su ejemplo para guiar nuestros caminos. Como Santiago lo dejo claro en capítulo 1, versículo 22:

> "pero ser *Hacedores* de la Palabra, y no tan solamente oidores, engañándoos a vosotros mismos."

Obediencia a los Mandamientos de Señor Jesucristo No voy a entrar en una larga demostración respaldada por versículos, en cuanto a la necesidad y el beneficio de obedecer lo que nuestro Señor nos manda hacer. Este libro está escrito para aquellos que aceptan la importancia de la obediencia. Además, yo no estoy sugiriendo que la Biblia nos mande a enseñar a nuestros amigos a leer. Lo que Mateo 28:20 nos enseña es que nosotros debemos enseñarles a "guardar todas las cosas que os he mandado"...

Una manera de cumplir la Gran Comisión es enseñar a otros a leer y entender la Biblia. Además de llegar a ser capaces de leer y entender la Palabra de Dios por su propia cuenta, algún día ellos podrán ser capaces de transmitir el gozo de la lectura de la Biblia a otros.

"no tengo mayor gozo que este,

el oír que mis hijos andan en la verdad." 3 Juan 1:4

¿Debe una persona saber lo que dice la Biblia para poder enseñar a otros? Parecería que sí. ¿Puede alguien conocer todo lo que el Señor ha mandado, si no ha leído comprendido lo que la Biblia dice? Aprendiendo a leer e invirtiendo un poco de tiempo cada día en la Palabra de Dios, es una manera de hacer esto posible.

¿Qué es el Legado? En Deuteronomio capítulo 6, el Señor manda a los Israelitas a través de Moisés, a enseñar a sus hijos acerca del Señor. Si un padre enseña a su hijo durante los años en que este crece, cuando el hijo se case y tenga hijos, el hijo también enseñará a sus hijos. Los hijos copian las cosas que ven que sus padres realizan. Siguiendo el ejemplo de su padre, el hijo sabe que su tarea es enseñar a sus propios hijos acerca del Señor y lo que Él ha hecho por nosotros.

Siempre y cuando cada generación de hijos aprenda de sus padres, y luego ellos enseñen a sus propios hijos, la transmisión de conocimiento permanecerá intacta . Si un padre deja de enseñar a sus hijos, la cadena se rompe y el conocimiento del Señor se puede perder. Considere el pasaje en Jueces 2, versículos 7-11, Josué y los ancianos, que cruzaron el desierto con Moisés, todos ellos han muerto.

10 *"y toda aquella generación también fue reunida a sus padres; y se levanto después de ellos otra generación que no conocía a Jehová, ni la obra que él había hecho."*

Algo impidió que la enseñanza del Señor fuera transmitida a la siguiente generación, la cual, por consiguiente, no conocía al Señor.

11 *"Después los hijos de Israel hicieron lo malo ante los ojos de Jehová, y sirvieron a los Baales."*

El mensaje del Señor a sus discípulos en Mateo 28, fue que hicieran discípulos, y que enseñaran lo que Jesús mismo enseñó a sus propios discípulos. Nuestro Señor nos creó para hacer legados. Por lo que los doce discípulos obedientemente encontraron a alguien para discipular y para enseñar. El legado de las enseñanzas de Nuestro Señor Jesucristo a sus discípulos, ha sido transmitido fielmente a nosotros hoy, un testimonio de la obediencia de aquellos que han venido antes que nosotros, asegurándose que la siguiente generación conozca lo que el Señor ha hecho por ellos.

Una forma de ser obediente a Mateo 28, es enseñar a alguien a leer y a entender la Biblia. Cuando alguien aprenda a leer correctamente y entienda lo que la Biblia dice, esa persona puede ahora cumplir el mismo mandato de discipular a otros. Éste es el corazón del legado.

Resumen

1. Para que las personas sean buenos lectores, ellos deben llegar a ser buenos en la lectura. Para llegar a ser buenos en la lectura, las personas deben disfrutar de ella, especialmente durante el proceso del aprendizaje.

2. La relación personal del maestro con el alumno ayudará a que la persona pueda aprender más

rápido y a una comprensión mejor. Con instrucción personalizada, un alumno puede aprender en meses y no en años.

3. Se mejora el aprendizaje cuando un estudiante tiene un maestro que le explica lo que los versículos bíblicos enseñan, y el significado de las historias.

4. Para un principiante, aprender a leer es difícil. Es así, que el compromiso y el conocimiento del maestro ayudará al estudiante a superar los días difíciles en el comienzo.

5. Ambos, el maestro y el alumno, serán bendecidos por la obediencia del maestro en enseñar al alumno.

6. El legado es el don del conocimiento del Señor, transmitido de generación a generación.

Capítulo Dos

DOS PROBLEMAS LOS CUALES PUEDEN DETENERNOS EN LA LECTURA DE LA BIBLIA

Si la Lectura de la Biblia es Importante

Si se espera que un creyente lea y medite lo que dice la Biblia, y si somos llamados a enseñar a otros lo que la Biblia dice; entonces ¿porque muchos cristianos tienen dificultad al leer la Palabra de Dios?

Por muchos años, he preguntado a cientos de Cristianos quienes asisten regularmente a la Iglesia, que me compartan acerca de su propia práctica de lectura de la Biblia. Primeramente, quede impactado de cuantas personas no leen la Biblia ni si quiera un poco todos los días. Además de eso, yo quede igualmente asombrado por el hecho de que solo pocas personas pudieron decir que ellos habían leído toda la biblia, cada versículo.

¿Es Esto Realmente Importante?

Alguien podría cuestionar si leer la Biblia es del todo necesario, si siempre y cuando una persona crea lo que dice la Biblia. Yo pienso que usted puede ver el error en esa declaración, mientras usted la leía. ¿Como una persona puede creer en un libro que nunca ha leído? Pablo lo sintió de mucha importancia como para decir en su primer carta a Timoteo lo siguiente:

> *"entre tanto que voy, ocúpate en la lectura, la exhortación, y la enseñanza."*

Cuando se les preguntó, lo que salió junto con las respuestas que yo recibí acerca de la lectura de la Biblia, fue un sentimiento de culpa en sus rostros. Sin haber leído toda la Biblia, y sin tener el habito de leerla diariamente, se arrepentían de no haberlo hecho, habiéndose perdido de algo que muchos consideraban como deseable y esperado.

La Búsqueda de la Compasión

En mi investigación para *Point to Reading, Hope for the Future Through the Love of Reading (Apuntar a la Lectura, Esperanza para el Futuro a través del Amor a la Lectura),* yo pude entender la causa principal del porque muchas personas nunca desarrollaron un amor por la lectura. Por muchas razones, la lectura ha sido enseñada como un ejercicio sin amor, centrado en libros y lectores aburridos. En lugar de que la meta sea el amar, comprender y disfrutar la lectura de una gran historia; la meta ha sido la gramática, la estructura de la oración, listas de vocabulario y exámenes. Por este error, dos de cada tres alumnos de cuarto y sexto grado, están leyendo por debajo del nivel de su capacidad de acuerdo con las pruebas nacionales realizadas en el año 2011[2].

Si cada dos de tres alumnos de octavo grado no pueden leer con soltura, ¿cómo esperamos que ellos puedan llegar a leer los escritos del Apóstol Pablo (sin considerar el resto de la Biblia), los cuales exigen un alto nivel de capacidad lectura? Dicho en otras palabras,

La Biblia es muy difícil de leer para muchas personas.

De acuerdo con el número de encuestas del hábito de lectura nacional del año pasado, la mitad de los adultos no leyó un solo libro. Muchos estudios de investigación muestran que ocho de cada diez Norteamericanos, simplemente no les gusta leer.

---

[2] http://nces.ed.gov/nationsreportcard/pubs/main2011/2012457.asp

Aunque la mayoría de los Norteamericanos saben leer, una tormenta perfecta de experiencias desagradables provocó que la mayoría simplemente se rindieran. Para algunos, apenas en el segundo grado.

Combinando esta poca capacidad de lectura (incapacidad de leer libros difíciles) con la realidad de que solo pocas personas realmente disfrutan leer, es fácil de entender el porqué muchas personas no pueden dedicar tiempo o tener el deseo de leer la Biblia sentándose en sus bibliotecas o escritorios.

Pero Primero!

Es importante entender cuál es la razón que nos lleva a querer la Biblia. ¿Es por nosotros mismos, que impulsados por la curiosidad u orgullo elegimos conocer al Señor a través de su Palabra? En realidad, la Biblia nos enseña exactamente lo contrario. En Juan 6:44, leemos estas Palabras del Señor Jesús:

"Ninguno puede venir a mí, si el Padre que me envió no le trajere, y yo le resucitare en el día postrero."

Entendemos que el deseo genuino de conocer al Señor, y de leer Su Palabra, ocurre porque el primero nos dio ese deseo. Cuando el deseo de conocer al Señor ha sido colocado en nuestros corazones, debemos esforzarnos en vencer cualquier cosa que se ponga en el camino de nuestro tiempo con Él, a través de la Lectura de la Biblia.

Estos Dos Problemas Pueden Ser Vencidos

Si a la persona 1) no le gusta leer, y 2) no ha desarrollado la habilidad que le permita leer la Biblia, ¿cómo podrá superar esto y llegar a ser un lector regular de la Palabra de Dios?

La respuesta está en el discipulado uno a uno.

En el siguiente capítulo, usted aprenderá una manera fácil y placentera en que cualquier persona puede aprender y comprender la lectura de la Biblia, sin importar que tan bien lea en el presente. La respuesta se encuentra en alguien como Usted, quien ya sabe leer, y que ya ha desarrollado una comprensión clara o madura de las Escrituras. La respuesta se encuentra en el tiempo que usted da a esa persona para descubrir y para amar la lectura del libro más importante que jamás se haya escrito.

Capítulo Tres

INSTRUCCIÓNES DE APUNTAR A LA LECTURA

APL™ se trata de leer con –no a– su amigo.

El enfoque consiste en entender y disfrutar las historias.

> **1. Utilice la Biblia que su amigo tiene.** Si él no posee una Biblia, proporciónele una biblia para su propia pertenencia.
>
> **2. Encuentre su espacio de lectura.** Siéntese lado a lado en una habitación cómoda, silenciosa y bien iluminada. Este es tiempo a solas con su amigo, sin distracciones.
>
> **3. Si es posible, tenga un diccionario Bíblico práctico.** Esto es difícil para muchos de nosotros. Hemos aprendido (no a propósito) a tener rechazo por el diccionario. Esto marcará una diferencia no solo en la comprensión y disfrute de las historias en su amigo, sino también en la forma en que él aprende.
>
> **4. Apunta (señala) y pronuncia.** Con la Biblia delante de los dos, apunta (señala) con tu dedo la primera palabra. Si él conoce la palabra, él la dice. Si él no conoce la palabra, usted inmediatamente pronúnciela y mueva su dedo a la siguiente palabra. Permita que la oración fluya para que pueda tener sentido.
>
> **5. Comente sobre la historia.** Asegúrese que el entienda el significado de la historia.

Si, esto es diferente de cómo hemos aprendido a leer

Esta forma de leer parecería extraña, pues no es la forma en cómo la mayoría de nosotros aprendimos a leer. La buena noticia es que la técnica de *Point to Reading (Apuntar a la Lectura),* resuelve los dos problemas que pueden detener a la mayoría de las personas en la lectura de la Biblia.

<u>Recuerde</u>: Las experiencias dolorosas y el nunca aprender a leer bien, son las causas por las cuales las personas se rinden en la lectura. No les gusta porque es muy difícil, y porque no entienden lo que están leyendo.

1. Con un instructor (guía) que pueda leer bien, y leyendo las palabras juntos, su amigo llegará a experimentar lo fácil que la lectura puede ser. En vez de luchar o sentirse avergonzado, el llegará a disfrutar la lectura con usted.

2. Con un instructor (guía) que entienda y pueda explicar el significado de las historias, su amigo llegará a descubrir la sabiduría y belleza de la Palabra de Dios. En vez de sentirse confundido porque él no entiende, Él aprende.

Nosotros mantenemos el enfoque en el disfrute y entendimiento de la historia, esto es lo que hace que *Apuntar a la Lectura* funcione.

1. Hágalo Fácil y Divertido (No Atormente)

☑ **No lea en voz alta delante de grandes grupos de personas**. Hablar en público es temible. *APL* está hecho para uno a uno, usted y su amigo a solas.

☑ **No deletree palabras durante *APL***. El deletrear palabras es una tortura y solo interrumpe la historia. ¿Cómo puede una persona entender una oración, mientras averigua como se pronuncia una palabra? El pronuncia las palabras que conoce, usted dice las demás. Con el tiempo, el aprenderá todas las palabras.

2. ¡Se Trata de la Historia!

☑ **Deje que fluya la oración**. Usted está leyendo una historia, no practicando pronunciación de palabras. Una historia se entiende en oraciones, no en palabras aisladas.

☑ **Lea la oración completa, palabra por palabra**. Al principio, Él puede que lea solamente una o dos palabras de cada oración. Usted lea el resto de las palabras y permita que la oración siga fluyendo. REPITO: no se trata de aprender a leer solamente, se trata de disfrutar la historia.

> *La historia agrega al significado de las palabras, como las palabras agregan al significado de la historia.*

☑ **Nunca se salte una palabra o idea que su alumno no entienda**. Esto es muy importante. Saltarse palabras que no entendemos estropea nuestra comprensión. El Diccionario Bíblico puede ser de ayuda aquí.

☑ **Enfóquese en el significado de la Historia**. Asegúrese que él entienda cada oración. Lea la oración de nuevo si esto le ayuda a entender. No se apresure, pero deje continuar para que las oraciónes y la historia tenga sentido.

11

☑ **Pregunte frecuentemente: ¿Entiendes lo que significa?** Discutir sobre el significado de la historia construye el placer y el entendimiento. Puede que se encuentre leyendo un capítulo o menos durante cada sesión. Eso está bien. Lo que importa es que él entienda la historia. Esto hará que la lectura sea un placer para ambos.

Recuerde: El punto no es cuán rápido podemos leer la Biblia. Sino cuanto entendemos y disfrutamos de ella.

3. Por Turnos, Sea el Lector Activo

Haga que su amigo "lea" una sección, diciendo solamente las palabras que conoce. Después, permítale escuchar y observar mientras usted lee otra sección, **continúe apuntando (señalando) cada palabra.** Después haga que Él lea otra sección con usted. Éste es modelo que usted usará a medida que el avanza en su capacidad de leer. A medida que su capacidad y vocabulario aumente, permítale leer secciones más grandes, hasta que Él lea la mitad y luego el capítulo entero. Continúe dándole un descanso, para que el pueda escuchar y disfrutar de la historia. Lo que es más importante, es el gozo de pasar tiempo con usted en la Palabra de Dios. Continúe discutiendo (dialogando) lo que está aprendiendo en la historia. Nunca sacrifique el entendimiento por la velocidad, como si tuviera que terminar muchos versículos o capítulos por día.

¿Por qué cambiar una y otra vez? Existe una gran diferencia entre lectura activa y oír pasivo. Para una persona que nunca aprendió a leer, ser capaz de alternar, quita la presión de tener que hacer todo el trabajo. En vez esperar hacer súbitamente el 100% de la lectura activa, el programa *PTR (APL)* permite que a su amigo se le facilite gradualmente la lectura activa. El se convierte en un lector activo a su propio paso.

➢ Se elimina la presión del desempeño.
➢ Ya que la lectura activa es "trabajo", Él no sentirá "agotamiento" al tener que hacer toda la lectura.
➢ Cuando usted lee, Él puede relajarse y enfocarse solamente en disfrutar la historia, sin embargo, su mente seguirá aprendiendo palabras mientras Él observa donde su dedo está apuntando (señalando) y al escuchar tu voz.
➢ El tiene una demostración de cómo suena la lectura correctamente.
➢ El deleite de la experiencia compartida desarrolla confianza.

Recuerde: Esto se trata de desarrollar un amor a la Biblia y sus historias, no de "aprender a leer". La capacidad de leer vendrá a su tiempo.

4. Apunte (Señale) y Pronuncie

Cuando sea el turno de tu amigo de ser el lector activo, usted apunta (señala) cada palabra y el pronuncia (dice) todas las palabras que Él conoce. POR FAVOR: No haga que él trate de pronunciar las palabras que no conoce. Usted inmediatamente dígala y continúe avanzando.

Sea paciente. Será un proceso lento al principio. Podrá parecer divertido que usted lea la mayoría de las palabras en una oración mientras él se mete solamente en los "los/las" y "un/una". Para su amigo esto será un gran logro. Con el transcurrir de las semanas y los meses, su amigo añadirá constantemente nuevas palabras. Un día, el estará leyendo cada palabra en la página y ambos se sorprenderán de lo rápido que esto pasó.

5. Refuerce (Aliente) Positivamente

Anime periódicamente a su amigo diciendo: *"tu puedes hacer esto"*. Cuando Él lea nuevas palabras, dígale cosas como: *"buen trabajo"*, *"excelente"*, *o "tú eres muy bueno en esto"*.

Esto no es una alabanza falsa. Usted está diciendo la verdad. Cada vez que él lee una palabra, el lo está haciendo bien. Esto está reforzando el hecho de que Él es un buen lector. Celebre cada éxito. Él aprenderá que leer es fácil y divertido. En el momento en que Él termine la Biblia, Él tendrá una creencia en su lectura basada en la verdad– que Él es un buen lector.

Recuerde: Esto no quiere decir que usted tenga decir algo después de cada palabra que Él lea. ¿Qué tan seguido entonces? Pocas veces en cada sección. También, cuando Él lee una palabra nueva por primera vez. O cuando el recuerda una palabra que no ha visto con frecuencia. Su ánimo hará que Él siga intentándolo.

6. Se Trata de la Relación–La Lectura es Relacional

Su relación con su amigo es muy importante en el proceso de aprendizaje. Algunas personas piensan que la Biblia se trata de reglas. Otros, entienden que nuestra fe se basa en una relación con el Señor, no en reglas. La Biblia cuenta historias de personas como Abraham, José, Moisés y David quienes tuvieron una relación intima con el Señor. La relación que disfrute con su amigo mientras ambos leen la Biblia, será un reflejo de la relación que Él puede tener con el Señor mientras leen su Palabra.

7. Sea Consistente.

Continúe en esto, asegurándose de leer tan frecuentemente como sea posible. El tiempo de lectura frecuente y regular, le permite aprender muy rápido a su amigo. Esto también es muy importante para la comprensión del significado de las historias. Usted no tiene que leer todos los días, pero hágalo si usted puede. Tan frecuentemente como sea posible es muy útil, ya que usted quiere animar y edificar el hábito de la lectura diaria de la Biblia.

8. Termine el Trabajo.
Recuerde el Objetivo: Entender y Amar la Palabra de Dios.
- ☑ Amar la lectura
- ☑ Ser capaz de leer y entender lo que la Biblia dice
- ☑ Desear leer la Biblia por iniciativa propia

Usted sabrá cuando su amigo ha alcanzado el objetivo porque será muy obvio. Su vocabulario y capacidad de lectura serán muy buenos. La clave, sin embargo, es el deseo de leer por iniciativa propia. Una vez que su capacidad de lectura se haya desarrollado al punto de que Él pueda leer por su propia cuenta, anímele a leer en casa. En la mañana cuando se levanta, o en la noche antes de dormir. También, anímele a que lea con su familia. Esto bendecirá a su familia mientras Él desarrolla confianza en su capacidad de lectura.

PRINCIPIO, EN MEDIO Y AL FINAL DE *APUNTAR A LA LECTURA*

En el Principio En el comienzo del libro, cuando su amigo conoce pocas palabras, será suficiente para Él seguir la historia y decir las palabras que Él conoce mientras usted las apunta (señala). Recuerde comentar acerca del significado mientras usted avanza página por página. Con el paso del tiempo, su vocabulario aumentará. Al escuchar una palabra que ya conoce (mientras usted la apunta/señala), su cerebro conectará el sonido de la palabra con su escritura. Enfocándose en el significado y comprensión de la historia–su cerebro hará el trabajo de descifrar las palabras. Anime y felicite constantemente.

> Con *APL, su amigo está leyendo a su propio nivel, independientemente del nivel de lectura de la Biblia. Es solo cuestión de tiempo para que su capacidad de lectura se eleve al nivel de la Palabra. SEA PACIENTE.*

En Medio Con el tiempo, las palabras que Él conoce aumentarán al punto en que Él leerá versículos enteros por su cuenta. Si Él no comprende las comas y los puntos, será un buen momento para decirle, *"Detente en una coma y toma un respiro en un punto"*. Con el tiempo, el comprenderá esto. Al escucharle leer, Él aprenderá.

Gran parte de la Biblia es poesía. Oírte leer le ayudará a apreciar la belleza de la Palabra de Dios. A partir de ese momento hasta el final del libro, enséñale a entonar (pronunciar correctamente) una oración. Las personas pueden hablar bien. Pero cuando ellas leen, las palabras regularmente son leídas con el mismo tono, palabra tras palabra. Al escucharte leer, él aprenderá cómo entonar las oraciones. El aprenderá como entonar el final de una oración interrogativa, subiendo su voz; y como entonar bajando la voz, al terminar un enunciado.

No tiene sentido enseñar reglas en este punto– él ya sabe como suenan las conversaciones. Simplemente enseñe como se supone que la oración debe sonar. De vez en cuando, deje que él lea la oración otra vez para que él se escuche leyendo correctamente.

Recuerde felicitar por el buen trabajo. *"¡Lo estás haciendo bien!"* Aliente y Felicite.

Al Final de Cada Sesion Terminen su tiempo de lectura con un pequeño debate (comentario) acerca de la historia. ¿Qué aprendió? ¿Qué le está diciendo Dios en esa historia? Esto es para que él comparta lo que la historia significa para él.

"Mas ¿qué dice? Cerca de ti está la palabra, en tu boca y en tu corazón. Esta es la palabra de fe que predicamos: que si confesares con tu boca que Jesús es el Señor, y creyeres en tu corazón que Dios le levantó de los muertos, serás salvo. Porque con el corazón se cree para justicia, pero con la boca se confiesa para salvación." Romanos 10:8-10

> Esta puede ser la parte más importante de lo que ustedes harán mientras leen la Biblia juntos. No es lo que usted le enseña lo que hará que él aprenda, sino lo que él hable de su boca, puesto por el Espíritu Santo. El Debate (discusión sobre el tema) es Importante.

Al Comienzo de una Nueva Sesion Antes de comenzar a leer, pregúntele que pasó en la historia la última vez que leyeron. En ése momento, él vuelve a unir la historia, construye la comprensión, y mejora su capacidad de comunicación. Después de que él termine, comience con la lectura de ese día.

Resumen:
Se trata de la relación.

Es la relación entre las letras que forma las palabras. Es la relación entre las palabras, la que da el significado a las oraciones.

Las oraciones se convierten en la historia que representa la relación entre las personas.

Sin relación y significado, las palabras no serían más que manchas negras en una hoja de papel.

La Lectura es acerca de relación. La relación que usted construye con su amigo al leer la Biblia, las relaciones descritas en las historias Bíblicas; y la relación propia de tu amigo con el Señor. A través de todo ese tiempo juntos, será tu relación con el Señor, la chispa que ayude a encender el fuego en él.

Sucede en el debate

Hay una idea errónea de que el aprendizaje es acerca de acumulación de datos. Cuando yo escucho información, puedo pensar que entiendo, y que ahora "conozco" algo. Cuando usted pregunta a un niño si él entiende algo, el normalmente dirá: "Sí". Pero si usted le pide que le explique lo que entendió, el suele decir: "Yo lo entiendo, pero no puedo explicarlo". ¿No es esta nuestra clave para saber que él no ha entendido en verdad?

Estudios científicos comprueban que el proceso de Debate (discusión) y el explicar lo que se ha leído, es lo que crea el entendimiento. Pablo, en la carta a los Romanos, nos dice que el primer paso es "creer con el corazón". El otro paso es "confesar con la boca". ¿podría ser esta la razón por la cual el Señor Jesucristo nos ordena a enseñar todas las cosas que Él ha mandado? Es este proceso de debate (discusión) el que cambia la información en transformación.

Capitulo Cuatro

PASOS SIGUIENTES

En el tiempo, en que su amigo ha alcanzado un nivel fuerte de lectura y comprensión, podría presentarlo a un grupo que ya esté reuniéndose regularmente a estudiar la Biblia. El será bienvenido y reconocido por su crecimiento, y será animado a continuar.

No es tiempo de interrumpir su tiempo juntos en la Biblia. Nunca pierda de vista la importancia de la relación que ustedes han construido en las horas y meses que han compartido aprendiendo y amando juntos la Palabra de Dios. Continúe animándole en su fe y conocimiento en el Señor.

Llegará un Día

Antes que Jesús terminara su ministerio terrenal, Él dio a sus discípulos una misión. El Señor había vivido con los doce por tres años, enseñándoles y preparándoles para el día cuando ellos salieran e hicieran lo que Él les había enseñado a hacer.
Mateo 28:18-20

"Y Jesús se acercó y les habló diciendo: 'Toda potestad me es dada en el cielo y en la tierra. Por tanto, id, y haced discípulos a todas las naciones, bautizándolos en el nombre del Padre, y del Hijo, y del Espíritu Santo; enseñándoles que guarden todas las cosas que os he mandado; y he aquí yo estoy con vosotros todos los días, hasta el fin del mundo.'
Amén"

Mire hacía ese día cuando su discípulo estará listo para encontrar alguien a quien animar. Entonces su aprendizaje tomará el siguiente paso.

Capitulo Cinqo

CONCLUSIÓN

Hay personas que desean leer la Biblia, pero no lo hacen. *Apuntar a la Lectura* crea una oportunidad para que podamos ayudar a otros, tanto jóvenes como ancianos, en una manera muy importante.

La Biblia no es un libro fácil de leer, especialmente para aquellos que no han desarrollado su capacidad de lectura a un nivel lo suficientemente alto. La Biblia es también difícil por el registro histórico sobre naciones antiguas, cuyas historias, son desconocidas para la gente moderna. Las prácticas y costumbres extrañas podrían confundir la comprensión de un nuevo lector. La Biblia puede ser difícil porque trata con cuestiones de carácter, de ética y de moral.

Debido a estas barreras de capacidad de lectura, y el nivel de dificultad de la Biblia, combinadas con los retos de comprensión del significado, es entendible el porqué muchas personas nunca superaron estas dificultades para convertirse en lectores constantes de la Biblia. A esto se suma cualquier presión social en contra de la lectura. En la escuela, los hijos están rodeados por otros niños que dicen,

"Los libros son aburridos y leer es una pérdida de tiempo."

Es sorprendente cuantos terminan la escuela con pocas ganas de leer. Por lo tanto, entendiendo los muchos obstáculos que impiden a las personas la lectura de la Biblia, podemos nosotros tener compasión de ellas y escoger ayudarlas en la lectura de la

Biblia. El valor de la lectura de la Biblia para el conocimiento y la comprensión hace que el tiempo que les damos, sea uno de los mayores regalos que podamos ofrecer a otros.

La importancia de un Mentor/entrenador Tengo un "teléfono inteligente" que muchas ves me hace sentir tonto. Las instrucciones son confusas porque no entiendo muchas de las palabras técnicas. Pero cuando un amigo me enseñó a utilizarlo, entonces fui capaz de comenzar a utilizarlo correctamente. Muchas cosas en la vida son como este ejemplo. Muchas cosas parecen ser mucho más difíciles al principio de lo que verdaderamente son. Un ayudante (asistente) hace que el proceso de aprendizaje sea más divertido y fácil.

El poder de la relación Su presencia puede ser la diferencia entre el éxito o el fracaso de su amigo. Muchas personas prefieren comer un alimento con un amigo. La compañía de alguna manera hace que la comida sepa mejor.

Tu gozo es contagioso. Independientemente de lo que ya hemos dicho, las personas aprenden de nuestro ejemplo. Tu amor por la lectura de la Biblia puede ser el mensaje más importante que tu amigo reciba de ese tiempo juntos.

Cumpliendo la Gran Comisión

Nosotros entendemos la importancia de la Gran Comisión. Es una forma en la que el Señor nos ha mandado a esparcir las buenas nuevas. Pero hay algo muy especial en esta enseñanza. No estamos solo para enseñar a otros a guardar (saber y hacer), estamos para guiarlos en el camino de la comprensión de "todas las cosas que os he mandado". ¿Por qué? ¿Por qué no es uno de los mandamientos que estamos llamados a cumplir, sino la Gran Comisión en si misma?

Aquí está la parte emocionante. ¿Cuándo sabrá una persona si ha cumplido la Gran Comisión? ¿No estará terminado el trabajo cuando la persona siendo discipulada, vaya y discipule a otra persona? Sabemos que estamos para "ser hacedores de la Palabra y no solamente oidores". Seguir al Señor también significa seguir su ejemplo. Nosotros estamos para completar el trabajo del discipulado, lo cual significa permanecer en ello hasta que nuestro amigo salga en fe a enseñar a otra persona.

¿Tomará Esto Mucho Tiempo?

Ésta manera de enseñanza parece no ser un uso eficiente del tiempo de un profesor. Una persona enseñando a veinte personas a la vez parece ser una buena idea. Y es una buena idea para trasmitir información. Pero eso no es discipulado. Nuestro Señor utilizó este método porque su propósito era cambiar los corazones, y hacer discípulos que salieran e hicieran mas discípulos.

Hacer discípulos es más trabajo. Si, el discipulado es trabajo, un trabajo muy importante.

1. En primer lugar, estamos enseñando por el ejemplo.
2. Al trabajar con una persona, el maestro puede estar seguro de que la persona entienda el mensaje. Esto se puede perder fácilmente en un grupo grande.
3. La atención personal edifica la relación. Nosotros estamos mostrando la relación uno a uno, que Nuestro Señor tiene con nosotros.
4. Nuestro compromiso en la relación, más nuestra obediencia a la Gran Comisión, son importantes para ayudar a que nuestro amigo permanezca en el proceso del aprendizaje hasta el Final.

Comienza lento, pero con el tiempo lleva mucho fruto. ¿Es la meta final de la enseñanza convertir a una persona en alumno o maestro? El discipulado consiste en hacer maestros. Esto puede tomar muchos meses de horas dedicadas a una persona, para que el alumno se convierta en maestro. Uno se convierte en dos; dos se convierten en cuatro. En unos pocos años, con el discipulado, el maestro tendrá una docena de maestros en vez de un salón lleno de alumnos.

Esto no quiere decir que el discipulado reemplaza la enseñanza en grupos grandes. Jesús hablo a Cinco mil personas, pero el invirtió la mayoría del tiempo discipulando a los doce. Siguiendo su ejemplo, llevaremos mucho fruto.